D0787234

AZULÍN VISITA A MÉXICO

por Virginia Poulet

Ilustrado por Peggy Perry Anderson

Versión en español de Lada Josefa Kratky

 CHILDRENS PRESS®
CHICAGO

Fotografías en las páginas 18 y 19:

1. Algunas mujeres mexicanas usan chales largos llamados "rebozos".
2. Un joven les toca la guitarra a unos amigos.
3. Una pequeña tienda en la Ciudad de México
4. Detalle de los tallados de la pirámide de Quetzalcóatl, un dios azteca
5. Se venden frutas y verduras en mercados al aire libre por todo México.
6. Mujeres indias del estado de Oaxaca hacen tejidos en una plaza del pueblo.
7. La Catedral Nacional, en la Ciudad de México

Fotografías en las páginas 22 y 23:

1. La iglesia de Taxco fue construida hace más de 450 años.
2. El mariachi toca en los jardines flotantes de Xochimilco, en la Ciudad de México.
3. La pirámide de la Luna fue construida por los indios toltecas.
4. Dos volcanes se encuentran en las afueras de la Ciudad de México.
5. Acapulco es un centro de turismo popular en el Océano Pacífico.

FOTOGRAFIAS

© Eugenia Fawcett — 23 (arriba)

Hillstrom Stock Photo — © D.J. VARIAKOJIS, 19 (arriba); © RAYMOND F. HILLSTROM, 22 (arriba, derecha)

© Alex Kerstitch — 22 (izquierda)

Root Resources — © BYRON CRADER, 19 (abajo, centro)

© Chandler Forman — 18 (derecha)

SuperStock International, Inc. — 18 (centro e izquierda), 19 (centro izquierda y centro derecha), 22 (abajo, derecha), 23 (abajo)

Library of Congress Cataloging-in-Publication Data

Poulet, Virginia.
    Azulín visita México / by Virginia Poulet;
ilustrado por Peggy Perry Anderson.
    32p. 21 x 25cm. — (Libros de Azulín)
    Traducción de: Blue bug visits Mexico
    Resumen: En México, Azulín se divierte mirando los juguetes y las artesanías, observando a la gente antes de una fiesta, y bailando.
    ISBN 0-516-33429-8
    [1. México—Ficción. 2. Insectos—Ficción.]
I. Anderson, Peggy Perry, il. II. Título.
III. Serie: Poulet, Virginia. Libros de Azulín.
PZ7.P86Bj 1990
[E]—dc20   89-25420
                                                 CIP
                                                 AC

En México, Azulín

vio juguetes y artesanías,

SILBATO

5

cerámica

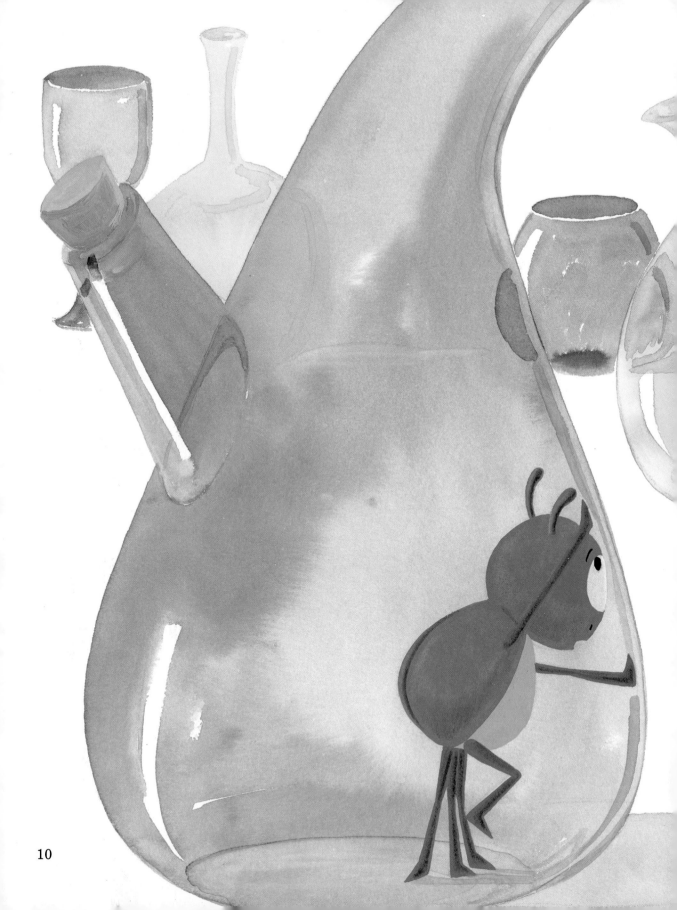

y vidrio.

Después de comer, Azulín

puso su dinero en

15

su alcancía nueva.

Sacó fotos

y puso estampillas

en bonitas tarjetas postales.

① ② ③

Comió un bocadillo y

¡chocó contra un nopal!

En la fiesta,

Azulín

aprendió

un baile nuevo.